De:
Para:

Otros minilibros de la serie REGALO DE AMOR:

PARA UNA MADRE MUY ESPECIAL
PARA UNA HIJA MUY ESPECIAL
PARA UNA AMISTAD MUY ESPECIAL
FELIZ ANIVERSARIO
BIENVENIDO NUEVO BEBÉ
TE DESEO MUCHA FELICIDAD
FELIZ NAVIDAD
PARA UNA ABUELA MUY ESPECIAL
PARA UN ESPOSO MUY ESPECIAL
PARA UNA ESPOSA MUY ESPECIAL
PARA UN PAPÁ MUY ESPECIAL

Título del original inglés:
TO MY VERY SPECIAL LOVE

Traducido por:
GUILLERMO SOLANA

Editado por Helen Exley
Ilustraciones de Juliette Clarke

ISBN: 84-7640-882-X

PRINTED IN HUNGARY - IMPRESO EN HUNGRÍA

Para un AMOR muy especial

Ilustraciones de Juliette Clarke
Edición de Helen Exley

En verdad, me pregunto: ¿Qué hicimos tú y yo hasta que nos amamos?

JOHN DONNE (1572-1631)

* * *

Nuestro amor es como la
llovizna que cae
quedamente, pero
desborda el río.

PROVERBIO AFRICANO

* * *

El amor alivia como
la luz del sol
tras la lluvia.

WILLIAM SHAKESPEARE
(1564-1616)

* * *

Tu amor es consuelo en la
tristeza, serenidad
en el tumulto, reposo
en la fatiga,
esperanza
en la desesperación.

MARION C. GARRETTY,
nacida en 1917

* * *

NUESTRO DELICADO AMOR

El tacto de tu mano al pasar, tan leve, tan fugaz,
que nadie sospecha que confirma un amor,
ese tacto me sostiene a lo largo del más duro día.

MARION C. GARRETTY, nacida en 1917

* * *

Las horas que paso contigo son como
un jardín perfumado, un tenue crepúsculo y una
fuente cantarina... tú y *sólo* tú logras que me
sienta vivir... Otros hombres dicen que han visto
ángeles, mas yo te vi y me basta.

GEORGE MOORE (1852-1933)

* * *

Quiéreme con esa ternura exaltada
que siempre hallé en ti...

MARY WOLLSTONECRAFT (1759-1797)
A Gilbert Imlay

* * *

De buena gana viviría en la choza
humilde de una montaña.
Hilaría, cosería y labraría con cualquier
tiempo, y lavaría en el frío arroyo, con tal
de que viviésemos juntos.

POEMA JAPONÉS

TODO POR TI

Si fuesen míos los paños bordados de los cielos,
tejidos con luz de oro y plata,
los paños azules, sombríos y oscuros
de la noche, la luz y el crepúsculo,
a tus pies los tendería.
Pero, pobre, cuento sólo con mis sueños.
A tus pies los he tendido.
Pisa con tiento porque pisas mis sueños.

WILLIAM BUTLER YEATS (1865-1939)

* * *

Beso tus manos y me arrodillo ante ti... para asegurarte que toda mi mente, toda la holgura de mi espíritu, mi corazón todo, sólo existen para amarte. Te adoro... tan bello, tan perfecto, tan hecho para ser amado, adorado y querido hasta la muerte y la locura.

PRINCESA CAROLYNE JEANNE ELISABETH VON SAYNWITTGENSTEIN
De *una carta a Liszt, hacia 1847*

* * *

Eres para mí la entrada del Paraíso. Por ti renunciaré a la fama, a la creación, a todo.

FEDERICO CHOPIN (1810-1849)
A su amante Delphine Potocka

* * *

GRANDES TRIBUTOS

Siempre eres nueva. El último de tus besos siempre fue el más dulce; la última sonrisa, la más brillante; el último gesto, el más grácil.

JOHN KEATS (1795-1821)
A Fanny Brawne

* * *

Si pudiese describir la belleza de tus ojos
y con números nuevos cifrar todas tus gracias,
llegaría un tiempo en que dijeran: "Miente este poeta; esos rasgos celestiales nunca fueron de rostros terrenales."

WILLIAM SHAKESPEARE (1564-1616)

* * *

Podría morir por ti. Mi credo es el amor y tú eres su único dogma. Me embelesaste con fuerza irresistible... No puedo respirar sin ti.

JOHN KEATS (1795-1821)
En una carta a Fanny Brawne

* * *

ALIVIO Y APOYO

El amor de uno a otro sólo puede ser el de dos soledades que se acercan, reconocen, protegen y alivian mutuamente.

HAN SUYIN

* * *

Aunque llueva,
no me mojaré.
Usaré tu amor
como paraguas.

CANCIÓN POPULAR JAPONESA

* * *

En los inmensos misterios del tiempo
y del espacio siento tu brazo
en torno de mis hombros y
ya no temo.

PAM BROWN, nacida en 1928

* * *

Siempre estás ahí por mí y así me das
valor para quedarme sola.

MARION C. GARRETTY, nacida en 1917

* * *

La suprema felicidad de la vida es
saber que eres amado por ti mismo o,
más exactamente, a pesar de
ti mismo.

VÍCTOR HUGO (1802-1885)

* * *

Resulta fácil entender el amor si no tienes
una mente blanda y llena de agujeros.
Es sencillamente una muleta,
y no hay nadie que no la necesite.

NORMAN MAILER, nacido en 1923

De *Barbary Shore*

* * *

Me parece que sólo tuve
recuerdos en blanco y negro hasta
que apareciste. Pero al llegar
trajiste a mi vida risas,
rojos globos, sorpresas inocentes,
champaña y

ALEGRÍA.

JUDITH C. GRANT, nacida en 1960

Las cosas cómicas
resultan cómicas.
Pero aún lo son
más cuando las
comparto contigo.

PAM BROWN, nacida
en 1928.

MÁGICOS RECUERDOS

Tú y yo portamos con nosotros nuestra propia
magia. ¿Recuerdas la cama que se hundía como
una hamaca, la habitación de Amberes junto
a los lavabos, el dormitorio irlandés repleto
de agónicos santos?
¿Te acuerdas de las ventanas que daban al
burdel? ¿De los *ragazzi* bajo nuestro balcón
con las motos en marcha hasta el alba?
¿Las ranas? ¿Los desagües?
¿La puerta que no se abría?
¿La ducha que no podíamos cerrar?
¿La dueña con el ojo de cristal?
Extraños desayunos. Extrañas cenas. Ratones.
¿Recuerdas la noche en que por reírme
me caí de la cama? Todo mágico.
Recuerdos todos que atesorar
para siempre.

PAM BROWN, nacida en 1928

* * *

CONSAGRACIÓN AL AMOR

Ponme cual sello sobre tu corazón, como un sello
en tu brazo. Porque es fuerte el amor como la
muerte; crueles los celos como el sepulcro;
carbones de fuego, sus carbones,
con la más intensa llama. Grandes aguas
no pueden apagar el amor, ni los ríos anegarlo.

Del *Cantar de los Cantares*

* * *

Amar es correr el mayor de los riesgos.
Entregar tu futuro y tu felicidad
en las manos de otro.
Es confiar sin reservas en alguien.
Es reconocerte vulnerable.
Y así te quiero yo.

HELEN THOMSON, nacida en 1943

* * *

Podrías entregarte a otro, pero nadie
te querría más pura y totalmente que yo.
Para nadie como para mí sería y siempre será más
sagrada tu felicidad. Toda mi experiencia,
todo lo que alienta dentro de mí, todo
lo más precioso, a ti te lo consagro. Y si trato
de engrandecerme, es para merecerte más, para
hacerte aún más feliz.

JOHANN CHRISTOPH FRIEDRICH VON SCHILLER
(1759-1805)
A Lotte von Lengefeld

* * *

¡Te amo con el aliento, las sonrisas, las lágrimas
de toda mi vida!

ELIZABETH BARRETT BROWNING (1806-1861)

* * *

SIEMPRE ALLÍ PARA MÍ

Te quiero por las cosas más nimias: campánulas en mi mesa, un golpecito en la cabeza cuando pronuncio un terrible discurso, una taza de té ante el pánico por un plazo que se cumple, el único en decirme que con esa falda verde parezco un saco de patatas.
Y por las cosas grandes: darme lo mejor de tu vida; compartir mis alegrías; ser cordial conmigo en todos mis fallos y alentarme.

HELEN THOMSON, nacida en 1943

* * *

Siempre que necesito a alguien para compartir mi júbilo, o a quien me sostenga cuando mi mundo se hace pedazos, allí estás tú. Y sé que estarás mañana y siempre.

MAYA V. PATEL, nacida en 1943

Tú y yo somos personas atareadas. Para hacer lo que hacemos, hay que prescindir de todas las distracciones y renunciar a muchos placeres en aras del trabajo. Pero nuestro amor está siempre allí. Sincero. Constante. Firme.
El éxito o el fracaso apenas me afectarán si nuestro empeño se viene abajo. Allí estarás tú.

JESSE O'NEILL

* * *

Esos días de libertad pueden hallarse en cualquier sitio. Largas playas plateadas. Marañas de callejuelas. Siluetas de templos… iglesias en donde resuenan cánticos. Carruseles. Arrecife de coral. Una pensión cualquiera en Provenza. Pero siempre en el centro de todo, una tranquila estancia soleada, de alto techo y una gran cama blanca. Y tú.

PAM BROWN, nacida en 1928

* * *

Todo lo que aprecio pierde la mitad de su valor
si no estás allí para compartirlo.

CLARA ORTEGA, nacida en 1955

* * *

Bien está que yo sea yo,
bien está que tú seas tú.
Pero es mejor que nosotros
seamos nosotros.

PAM BROWN, nacida en 1928

* * *

JUNTOS

Para lograr todo el valor de una alegría has de tener a alguien con quien repartirla.

MARK TWAIN (1835-1910)

* * *

Prefiero el fracaso teniéndote a mi lado, al éxito junto a cualquiera otro.

JENNY DE VRIES (1947-1991)

* * *

Cuando dos se quieren, no se contemplan uno a otro, miran en la misma dirección.

GINGER ROGERS

* * *

Tendida a tu lado bajo un techo en donde se reflejaba el rielar del agua, maravilloso. Dormitar en tinieblas entre el perfume de las flores, espléndido. Pero lo mejor era la lluvia que tamborileaba, rugía y chorreaba por los canalones, y nosotros tibios y a salvo, cada uno en brazos del otro.

PAM BROWN, nacida en 1928

TE ECHARÉ DE MENOS

Cuando te hayas marchado,
creo que no habrá más flores,
ni más hojas de arce en todo el mundo.
Hasta que vuelvas a mí.

YANAGIWARA YASU-KO (1783-1866)

* * *

Por favor, dime un remedio que me impida temblar de alegría como un loco cuando recibo y leo tus cartas... Me has dado un regalo que nunca habría soñado encontrar en esta vida.

FRANZ KAFKA (1883-1924)

* * *

El montón de mantas en nuestra cama, las camisas arrugadas que cuelgan de la puerta, tus herramientas en la mesa de la cocina,
el olor de tu colonia.
Recuerdos. Buenos recuerdos. Rastro tuyo que perdura en nuestra casa y me acerca a ti cuando te vas.

HELEN THOMSON, nacida en 1943

* * *

En las noches en que duermo sola
pongo las almohadas una junto a la otra.
Una es mi amor.
Y así, muy cerca, duermo.

CANCIÓN POPULAR JAPONESA

* * *

TODO PARA MÍ

Porque el amor se impone a las demás
visiones y hace de una pequeña estancia
un todo.

JOHN DONNE (1572-1631)

* * *

Tus palabras aventan todas las
inquietudes del mundo y me hacen feliz...
Me son tan necesarias ahora como la luz
del sol y el aire... Tus palabras son mi
alimento, tu aliento mi vino,
eres todo para mí.

SARAH BERNHARDT (1844-1923)

* * *

El amor no se pierde en razones,
en ambiciones ni en sed de grandeza.
Esta segunda vida crece en el alma,
entibia cada vena y alienta en cada latido.

JOSEPH ADDISON (1672-1719)

* * *

Es una palabra breve, mas todo contiene.
Significa el cuerpo, el alma, la vida,
el ser entero. Sentimos cuando sentimos
el calor de la sangre, respiramos cuando
respiramos el aire, lo llevamos dentro
como llevamos nuestros pensamientos.
Nada más existe para nosotros.
No es una palabra.
Es un estado indecible señalado por
cuatro letras...

GUY DE MAUPASSANT (1850-1893)

* * *

...si no volviésemos a vernos jamás, me
parecería que estaba de algún modo
justificada toda la aventura de la
existencia por haberte
conocido.

LEWIS MUMFORD (1895-1990)
A su esposa

* * *

TU REGALO

Me ofreces regalos atentos: almendras garapiñadas, un álbum de Vivaldi, blancos crisantemos para la mesilla de noche, un repentino paseo entre las campánulas. Pero el mejor es cuando te sorprendo sumido en el trabajo o te encuentro entre el gentío y tus ojos se iluminan de placer. Para mí, lo mejor es saber cuánto me quieres.

HELEN EXLEY

* * *

Sólo hay una felicidad en la vida, amar y ser amada.

GEORGE SAND (AURORE DUDEVANT)

Hay dos cosas que no han podido
cambiar desde el principio del
tiempo, ni cambiarán ahora:
el fluir del agua y el dulce y extraño
modo del amor.

POEMA JAPONÉS

* * *

El amor, en todas sus formas, no
conoce estaciones ni climas.
Ni horas, días o meses, que son
los jirones del tiempo.

JOHN DONNE (1572-1631)
De *The Sun Rising*

* * *

Hasta que tengas cien años,
y yo noventa y nueve, juntos.
Hasta que nuestros cabellos se
tornen blancos.

CANCIÓN POPULAR JAPONESA

PARA SIEMPRE

Duda que sean fuego las estrellas.
Duda que el sol se mueva,
duda que la verdad sea mentira,
pero no dudes jamás de que te amo.

WILLIAM SHAKESPEARE (1564-1616)

* * *

Cualquier tiempo no consagrado al amor
es tiempo perdido.

TORQUATO TASSO (1544-1595)

* * *

Los placeres sensuales llegan y se van en un abrir y cerrar de ojos, pero la amistad entre nosotros, la confianza mutua, los deleites del corazón, el embeleso del alma, no perecen ni jamás podrán ser destruidos. Te amaré hasta que muera.

VOLTAIRE (1694-1778)
A madame Denis

* * *